Signore Adriano und die teuflischen Farben

Kapitel 1

Ich saß auf meinem alten rotbraunen Bisonledersessel in meinem New Yorker Büro der Detektei `Lina und Signore` und warf mit Papierkügelchen nach einer Fliege, die versuchte, mit wilden Drehungen meinen Geschossen zu entkommen. Es passierte... NICHTS. Das Telefon grinste mich hämisch an, die Tür blieb zu und keine Schritte waren draußen auf dem Flur zu meinem Büro in der 29. Etage des Empire-Cat-Towers zu hören.

Ach ja, ihr kennt mich ja noch gar nicht, und schon gar nicht mein Traumgirl und meine Partnerin Lina Listig! Na gut, Kurzbeschreibung: Ich, ein Prachtkater. Bescheiden, wunderschön und reinrassiger Main-Coone-Sibirer-Norweger-Mix. Ich heiße Adriano di Arezzo und ich habe einen Stammbaum. Der steht bei meinem Opa in Neapel im Garten, er hat mir das versichert. Irgendwann hole ich ihn mir und stelle ihn in meinen Garten, den ich mal haben werde. Lina ist die schönste Katze der Welt, kommt aus einem Adelsgeschlecht derer vom Heuboden und hat alle Farben dieser Welt im Fell. Sie ist stolz auf ihre sechs Väter.

So, jetzt wisst ihr Bescheid. Mehr muss auch nicht, denn ich mache Wellness, nachdem ich den heiligen Gral gerettet (eigentlich vernichtet) habe. Seit Leo Löwenherz, der direkte Nachfahre von Richard Löwenherz frei war, hatte ich mich von dem Medienrummel in Fellixtown abgesetzt.

Ach, wie jetzt??? Ihr habt die Geschichte von Leos Entführung nicht gelesen??? Ihr kennt das Buch "Mord im Orient-Fellixpress" nicht??? Aha! Na, dann ab ins

Netz, unter www.fellix.de findet ihr die Story als E-Book... gegen eine kleine Spende für `Tiere in Not` könnt ihr es herunterladen!!! Es lohnt sich, sag ich euch!!!

Nicht, dass irgendjemand von der Presse ein Interview von mir wollte, aber sie wollten alle ein Interview von Lina und Leo und dem heldenhaften Einstein. Gatito und Miss Lillian waren täglich bei Junibritt Illner, Günni Strauch und Akte Katz 2013... und so beschloss ich, eine Weile in der Unterwelt von NY für Ordnung zu sorgen.

Nur... es passierte nichts. Kein gehörnter Katz beauftragte mich, seine whiskaskatzfarbene Sheila-Jane zu überwachen, keine hysterische Rentenkatz witterte betrügerische Absichten bei ihren Tanztee-Meetings... nicht einmal eine kleine Casinoüberwachung gegen falschspielende Windhunde flog in meinen Briefkasten.

Nichts.

Die Fliege fiel gelangweilt von der Wand... ich hob sie auf und setzte sie in meinen Genever, damit sie sich noch ein paar schöne Stunden machen konnte. Dann verließ ich das Büro, nahm den Aufzug, fuhr in die Tiefgarage und ließ den 59´er Dodge-Catsdream-open-deck-Whisper an. Nicht jeder mochte sein Mistkäfer-Metallic-Braun, aber ich fand, dass es gut mit meinem Fell harmonierte... und die Blicke der Mädels konnten einfach nicht dran vorbei.

Ich tankte 312 Liter Biosprit, kaufte mir eine neue Sonnenbrille von Ray Bean, öffnete das elektrische Verdeck und fuhr auf der Interstate Richtung Süden. Ich schaltete das Radio ein. California dreaming... ich dachte an Lina Listig und hatte plötzlich statt Mittelstreifen nur noch gepunktete Bikinis vor meinem geistigen Auge.

Den Milchlaster vor mir übersah ich dabei komplett. Knarz. Ich hatte kaum etwas vom Aufprall des Dogde gespürt, doch der Milchlaster donnerte nahezu ungebremst über die seitliche Begrenzung der Straße und raste durch einen Sichtschutz auf das Grün des örtlichen Golfplatzes. Sieben am Boden robbende Caddies und drei vom Spontaninfarkt dahingeraffte Mumien weiter endete die Fahrt im Wasserloch vor Loch 16.

Ich stoppte den Dodge, setzte vorsichtig zurück, missachtete die wenigen ignorant hupenden Idioten, umkurvte die wild gestikulierenden Caddies und hielt am Ufer des milchgefluteten Wasserlochs, aus dem jetzt Blasen aufstiegen und das sich langsam rot färbte.

Ich zündete mir eine Catnip-Pfeife an, ich kann dann besser nachdenken. Das Catnipkraut für meine Pfeifen erhalte ich exklusiv von Rauol Catstro, einem Kumpel aus Havannah auf der Insel Huba. Es ist besonders mild und macht gute Ideen.

Rot. Das Wasser färbte sich rot- Milch ist nicht rot. Eine deutsche Dogge kam auf mich zu, ein Offizieller, gut zu erkennen an seinem Matrosenanzug mit blauer Käpt´nsmütze und einem Golfschläger-Embleme auf jeder Schulter. Mit der Spitze der Catnip-Pfeife deutete ich vielsagend auf die rot-weiße Brühe, auf der nun auch noch Pillendöschen auftauchten. Plopp. Wieder eines. Plopp-Plopp. Zwei. Hinten vier… ich verweise auf das zuvor geschilderte Geräusch.

Der Käpt´n griff unterdessen nach meinem capuccinofarbenen V-Pullover, um mir diesmal körperlich deutlich zu machen, was er von meinem falsch geparkten Dodge hielt. Ich nahm der nächststehenden Mumie die Golftasche ab, wickelte zwei 7´er Eisen um den Hals des Käpt´ns und stopfte ihm drei Bälle ins Doggenmäulchen. Er betrachtete nun einsichtig den Teich und nickte wissend. Ich setzte ihn in den nächststehenden Buggy, legte den zweiten Gang ein und ließ ihn in Richtung Hauptquartier des Mumienspielplatzes fahren, um einen Anruf bei der State Police zu machen.

Ich sah ihn noch lange nickend davonfahren und wusste, dass er seinen Job gut machen würde.

Ich hatte jedoch nicht vor, bis zum Eintreffen der berittenen Gebirgsjäger zu warten. Mein kurzer Tick an die Stoßstange des Vierzigtonners konnte niemals dessen wilde Fahrt auf das satte Grün des Home-of-the-Greycats-Golf-Ressorts (HotGGR) bewirkt haben. Niemals!

Ich fasste mir ein Herz, holte tief Luft und schickte den nächststehenden Caddy ins nasse Element, um mit meiner Catnon 5200 U-50-proved gestochen scharfe Fotos des Fahrers zu machen. Nach meiner kurzen Demonstration am Käpt´n stellte der brave Junge auch keinerlei überflüssige Fragen, sondern tauchte ab und wieder auf und reichte mir die Catnon mit den erstaunlichen Bildergebnissen.

Ich hatte den Lastzug hinten angestupst, aber das Loch im Kopf des Fahrers hatte ich nicht zu verantworten. Das stammte von einem guten Schuss aus einem großkalibrigen Gewehr aus größerer Entfernung. Waidmannsheil!

Ich bat den Caddy, einen devot grinsenden Golfballapportier-Rauhaardackel, mir noch ein paar der Pillendöschen einzusammeln, und er machte seinen Fahrtenschwimmer, bis ich ihm mit dem Mittelkrällchen andeutete, aus dem Wasser zu steigen. Für einen

Dackel war das nicht übel, ich tätschelte leicht angewidert seinen Kopf und stieg in den Dodge.

Haha, immer noch winkten einige der Mumien mit ihren Golfkrücken, ich hupte fröhlich, während ich den Platz diesmal über das Hauptportal verließ. Der Käpt´n lief schnell nach drinnen, aber ich wollte ja gar keinen Drink mehr nehmen und fuhr los...

Kapitel 2

Ein Fall!

Ich beschloss, mich selbst zu beauftragen, da niemand mich um Mithilfe gebeten hatte. Aber ich fühlte mich Karma-bedingt für den armen Milchfahrer verantwortlich. Vielleicht wäre ohne meinen Stups alles ganz anders gekommen…

Leises Weinen unterbrach meine schwermütigen Gedanken um Hades und seine Pläne.

Der Motor war gecheckt, ich hatte keine pfeifenden Getränkeflaschen an Bord, und den Kindersitz hatte ich einem Straßenmusiker geschenkt, damit er seine Ukulele warm abstellen konnte. Es weinte hinter mir. Erneut bremste ich, schaltete diesmal die Warnblinkanlage ein. Geblendet fuhren mehrere Fahrer aufeinander auf und schauten besorgt zu mir herüber.

Ich stieg aus, öffnete den Fond und… staunte Bauklötze!!! Grace Kelly! Zumindest Stil der Kleidung und Blau der Augen… WOW! Ich reichte dem Katzenmodel ein Taschentuch und tätschelte besorgt ihre Schultern, worauf sie etwas beruhigt auf den Seitenstreifen rollte. Sie stoppte an einem Begrenzungspfosten und fing sofort wieder an zu schluchzen. Ich zog sie hoch, da warf sie sich an meinen Brustpelz und ließ Niagara alt aussehen. Dann fielen noch ein paar Edelsteine aus ihrem Mund. Es dauerte eine Weile, bis ich merkte, dass es keine Diamanten waren, sondern Worte, sehr hell und hoch und klar! „ Sie haben meinen Rico erschossen, wie ein Wildschwein im Wald!!!" Ach mein Rico!!!!" Ich ließ beruhigend meine Tatze auf ihren verlängerten Rücken gleiten und merkte, dass sie sich entspannte und ihr auch der Name des Fahrers schon fast entfallen war. „ Angenehm, Mylady, Adriano di Arrezzo, Private Investigation der Firma Lin…ääääh Signore und Lady! Ich bin alles, was Sie nun brauchen!!!"

Noch während sie versuchte, ihren Blick von meinen mintgrün-ins-türkis changierenden Augen zu lösen, zauberte ich das Auftragsformular aus dem Felltäschchen und drückte der Lady den Filzer ins Pfötchen…der Wind trocknete glücklicherweise schnell meinen zauseligen Brustpelz…

Während sie noch etwas zittrig, aber schon entspannter als kurz zuvor unterschrieb, berechnete mein Detektiv-Chip in rasender Geschwindigkeit ihre Aussage. Es gab nur einen Schluss, sie musste mit im Milchlaster gesessen haben. Das mit dem Schuss wusste außer mir und meinem kleinen tauchenden Freund: Niemand!

Ich beschloss, sie eine Weile in Ruhe zu lassen, schloss die Beifahrertür, warf unauffällig die Pillendöschen ins seitliche Fach der Fahrertür und ließ den Motor an. „Wohin darf ich Sie bringen?" fragte ich, „und vor allem, wie darf ich Sie nennen?"

Sie rückte ein wenig nach links im Fond des Wagens, und mit leichtem Bedauern bemerkte ich den überfluteten Zustand der Sitzbank. Das seltene Caribean-Blue-Rindsleder würde das vertragen…hoffte ich, es belegte aber meinen Verdacht, dass Gracylein im Milchlaster den Beifahrersitz verziert hatte, weil es seit drei Wochen nicht geregnet hatte und es auch keinen Badesee in der Nähe gab, was mich messerscharf auf verbotenes Baden im Golfsee schließen ließ...

„Alexandra van Snakenwald" flötete die mysteriöse Stimme, „Chefin der Forschungsabteilung der Mucca-Unlimited, Im- und Export von Fellfarbkapseln aus der Kosmetikserie Fleur de Chateau Dernièr-Coin. Wir hatten gerade einen Großauftrag für New York abgewickelt. Rico hat dann noch eine Mucca-Milchfuhre nach San Francisco angenommen, und ich habe ein paar hundert Pröbchen für den kalifornischen Markt vorbereitet. Der neueste Schrei in der Szene….eine Kapsel, und dein Fell wechselt die Farbe, sooft du ein Glas der berühmten Mucca-Milch trinkst und dabei an eine Farbe denkst. Die Mädels in den Clubs sind verrückt danach!"

Ich schaute ihr tief in die Augen… sie schien von ihrem Geschwätz zutiefst überzeugt. Ich hatte noch nichts von dieser neuen Farbdroge gehört, aber ich verkehrte auch selten in diesen Dance-Clubs der Szene. Lieber nahm ich ein Gläschen Rotwein in meiner Lieblingspizzeria, Donna Coma, und betrachtete Linas Foto auf meinem Handybildschirm…

Fellfarbkugeln. Und Muccamilch.

Die Muccamilch war mittlerweile ein absoluter Verkaufsschlager geworden. In meiner Zeit als Barmann der Strandbar in Fellixtown hatte ich die Mucca, eine sehr hübsche Kuh aus Bayern, auf der Straße aufgelesen und ihr einen Stall gebaut. Die Kinder liebten ihre Milch, und im Lauf der Jahre hatte mein lieber Kumpel Einstein van de Wackelkatz ein Muccamilch-Imperium aufgebaut.

Ich hatte die Mucca an ihn verschenkt, weil ich zu wenig Zeit hatte, und nun war er der Milchking in Fellixtown. Mucca hatte mehr Nachwuchs als Heidi Klamm, und Einstein machte aus Milch Gold.

Na! Ich merkte, dass ich gedanklich den Tanzboden verlassen hatte und versuchte, die Informationen zu archivieren. Keine Sekunde zu früh. Ein Blick in den Seitenspiegel eröffnete mir den Blick auf einen schwarzen Pickup ohne Kennzeichen, und aus dem Seitenfenster ragte: Ein ausgestreckter, sehr kräftiger Arm mit einer Pumpgun dran…

Der Pickup holte schnell auf, mein Dodge war nun auch alles, nur nicht schnell, und ich achtete im Ausland immer streng auf die Einhaltung der geltenden Straßenverkehrsregeln. Fahrkarten für zu schnelles Fahren bezahlen war bei meinem derzeitigen Budget überhaupt nicht drin. Also musste ich mir was anderes einfallen lassen.

Schon jagte der erste Schuss knapp über den Dodge hinweg, der zweite kam gleich hinterher und touchierte die C-Säule des Dodge, und das regte mich ein wenig auf. Aufregung ist für mich seit Kindheit an nicht gut. Ich werde dann hyperaktiv. Ich begann, durch vorsichtige Lenkbewegungen, den Dodge aufzuschaukeln, was auf dem Rücksitz glucksende Rülpsgeräusche hervorrief. Auf Gracylein konnte ich nun leider keine Rücksicht nehmen.

Der dritte Schuss zerbröselte die Heckscheibe und schlug neben meiner Klientin in den Sitz, und nur dem Geschaukel des Dodge hatte sie es zu verdanken, dass sie in diesem Moment in sicherer Entfernung mit dem Kopf die gegenüberliegende Fensterseite auf ihre Wertbeständigkeit prüfte.

Ich war jetzt echt sauer. Ich hätte erleichtert sein können, weil die Schüsse offensichtlich nicht mir, sondern meiner neuen Geldquelle galten. Aber so ein Sitzbezug kostete mal eben drei- bis viertausend Catdollar, und die Farbe Caribean-Blue war in Leder kaum noch zu bekommen, weil die berühmten blauen Karibik-Rinder fast ausgestorben waren.

Kurz vergaß ich die Welt um mich herum, weil eine Erkenntnis in mir reifte: Die Schüsse auf den Milchlaster hatten auch nicht dem bedauernswerten Rico gegolten, sondern Bambi-Blue-Eye, und mein Anstupser mit dem Dodge hatte sie gerettet und Rico vom Milchlasterfahren erlöst. Klar wie Kloßbrühe. Keine Frage, meine Klientin hatte mehr als ein Problem. Mir fiel ein, wie sauer ich war. Ich bremste, hielt an und tauchte unter den Dodge, so schnell, dass es für das Pitbullauge am anderen Ende der Pumpgun nicht sichtbar war.

Grace-Alexandra quietschte jetzt aus vollem Hals, lauter als die Bremsen des Pickup, ich sah die beiden Schläger aus dem Wagen hopsen und langsam auf meinen Straßenkreuzer zukommen. Ich hörte etwas wie `Augenkrebs bei der Farbe` und heiseres Gegröle. Meine Wut wurde mir langsam selbst unheimlich. Der Fuß des Vorderhundes war nun ganz nah am Dodge. Ich streckte die Pfoten nach oben in den Motorraum, ignorierte die Hitze des Motorblocks und löste das Batteriekabel vom Anlasser, achtete sorgfältig auf Plus und Minus und befestigte im Abstand von 0,3 Sekunden erst Minus, dann Plus an den ungewaschenen Pfoten des Pumpgun-Pitbulls.

Das Ergebnis war mehr als erfreulich und tröstete mich halb über das perforierte Leder hinweg. Pump-Pit vollführte wahre Kunstsprünge, er roch lecker nach frischem Grillgut und ballerte Salve um Salve in den

Mittagshimmel. Dann fiel er um und es wurde still. Blitzschnell rollte ich unter dem Dodge hervor, packte den völlig konsterniert auf seinen Kumpel starrenden Pitty-Zwei am Nacken und grub die Krällchen in seine Augäpfel.

Eines der Dinger rollte unter meinen Wagen, und Pit nahm sofort die Suche auf. Braver Hund! Ich nutzte die Zeit, schloss den Anlasser wieder an und stieg in den Dodge. Der Motor schnurrte wie ein Kätzchen… Brüller! Ich fuhr los, nicht ohne noch einen Blick auf Pit zu werfen, der gerade sein Auge wieder an den richtigen Platz drückte und mir kopfschüttelnd hinterherwinkte.

Besorgt schaute ich auf Grace-Alexandra, die mich bewundernd ansah. Ich war das gewohnt, setzte den Dodge zurück auf die Interstate, Schulterblick und ab Richtung L.A.

Ich war wild entschlossen, in den Clubs des Südens nach der Ursache für die Angriffe auf meine Klientin zu sorgen. Sicherheitshalber funkte ich eine i-Cat-Nachricht mit den wichtigsten Informationen an meine Assistentin Lina Listig. Man konnte ja nie wissen.

Kapitel 3

Hamburg, 01.12.2013, 19:00 MEZ. Lina Listig schob den letzten Zipfel der wunderschönen Wolldecke (im Folgenden nur „Die Wunderschöne" genannt) gähnend beiseite und streckte sich. Es war Sonntag, da konnte man schon mal etwas länger schlafen als an einem knallharten Arbeitstag in der Detektei. Wobei seit dem Mord im Orient-Fellixpress eigentlich nichts mehr passiert war, der Chef sich in das US-Büro abgesetzt hatte und der Rummel um Leo Löwenherz und seine dubiose Entführung sich so langsam gelegt hatte. Lina kannte ihren Signore Adriano, er hasste diesen Hype um Personen, vor allem, wenn es nicht um ihn ging. Und Interviews bei Junibritt Ollner oder Katryn Mülder-Höhlenblöd waren ihm absolut verhasst.

Nun aber blinkte ihr i-Cat hektisch auf der Chef-Line, und auch sie hatte Anlass, dem Chef mal ein paar sehr interessante und merkwürdige Neuigkeiten mitzuteilen. Sie schaute auf ihre Notizen in ihrem pinkfarbenen Memobüchlein: Hunde und Katzen wechselten plötzlich die Fellfarben! Aber gemach….der Samstagabend hatte durchaus noch mehr zu bieten gehabt als ein paar bunte Dackelrüden und Maine-Coon-Girls.

Seit ihren Auftritten in der goldenen Zeit der New Cats on the Block hatte sich Lina Listig nicht um eine Solo-Karriere bemüht, sondern war ihrem geliebten Signore in die Detektei gefolgt, die er Anfang 2013 gegründet hatte. Nur an jedem 3. Samstag im Monat legte sie in einem der angesagtesten Clubs der Republik auf. Ihr Künstlername war Scratching-Linadonna, und die Clubs füllten sich bis in die hinterletzten Ecken, wenn sie an den Tellern stand und die heißesten Scheiben auflegte…

Und so war es auch gestern gewesen…

Es war schon zu vorgerückter Stunde, als sie zu einem der größten Hits der New Cats, „On the Fluor", die Meute mit unfassbar rasanten Scratchfolgen schier zur Raserei brachte, als ihr ein paar seltsame Dinge auf der Tanzfläche auffielen. Ein Dackelrüden-Eintänzer aus der Ölhaarfraktion wechselte plötzlich mitten in einer seiner trägen Drehungen die Fellfarbe und schaltete auf Neon-Grün. Fast hätte Lina den Takt verloren, fing sich gerade wieder, als neben Christiano Dackelo (insgeheim hatte sie ihn CD-7 genannt) eine braune Wald- und Wiesenkatze plötzlich in Weihnachtskugelrot umherhopste. Dunnerlittchen!

Sie hatte schon viel gesehen, aber das war ganz was Neues. Noch leicht headbangend ließ sie den Blick über die 4 angrenzenden Dancefloor-Landschaften gleiten, und überall fielen ihr nun Pets auf, die aus heiterem

Himmel die Farben wechselten. Das sah hübsch aus, und Lina beschloss, noch ein wenig einzuheizen, mit Living Nightlights von OHO und Rot glüht der Enzian von Heini.

Gerade wollte sie selbst nachschauen, wie man an diesen heißen Effekt kam, hatte schon ihr Headset an DJ-Walti, den braunen Galaktikscratcher abgegeben, da fiel ihr ein Terrier auf, der hektisch im 30-Sekunden-Takt die Farben wechselte. Lila–Grün– Gelb–Rot… er trank einen Schluck Milch nach dem anderen, warf murmelgroße Kügelchen ein, wieder ein Schluck, brüllte laut: „Himbeer-Metallic" und schaute verzweifelt an sich herab.

Ein letztes Mal Kugel rein, Milchschluck, rapsgelber Terry… dann brach er zuckend und mit pinkem Schaum vor dem Mäulchen zusammen. Die Menge stob kreischend auseinander. Lina sprang geistesgegenwärtig hinzu, beatmete den armen Terrier, der nun verkrampft am Boden lag und „normalblau" anlief, zu den Rhythmen von Staying Alive, wie sie es im Kurs gelernt hatte. Mit der linken Pfote rief sie per i-Catphone die Mobile Tierrettung an, und fünf Minuten später wurde Leuchtepelz-Terry aus dem Club getragen, begleitet von drei pink-lila-gestreiften Terriermädels, die „Butchiiiiiiiiiiiiiiiiiiiiiiiiiiiiiii" schluchzten.

Lina Listig stopfte schnell ein paar der übrig gebliebenen Kügelchen und das Milchglas ein, winkte dem Walti und gab ihm ein Zeichen zu übernehmen. Der Schokoscratcher hatte verstanden und wedelte ihr freundlich mit den Ohren zu, während er „Ein Halsband, das deinen Namen trägt" auflegte. Und so war der Samstag zu Ende gegangen.

Lina schaltete ihren Meck ein und las die News aus aller Welt. Da! Überall Berichte von plötzlichen Zusammenbrüchen tanzender Pets in den Clubs der Republik, ein Todesfall in Winsen an der Luhe, wo ein Weißkopfseeadler zu den Beats von Gänsehaut-Nenja mit dem Kopf in einem Muccamilchglas stecken geblieben war, in das ihm sein diabolisches Medikament geplumpst war. Noch kurz zuvor hatten andere Gäste berichtet, dass besagter Adler namens Addi Seaside nach Einnahme gleichartiger Pillen mehrfach die Farbe gewechselt und damit Begeisterungsstürme bei den landpommeranzigen Winsener Sittichgirls ausgelöst hatte.

Es war Zeit, den Chef anzupiepen. Seine Nachricht auf ihrem i-Cat zog ihr allerdings die Socken und Stiefel wieder aus!!! Und WER ZUR HÖLLE WAR ALEXANDRA VON SNAKENWALD??????????

Kapitel 4

Nach einer Nacht und einem halben Tag parkte ich den Dodge am Tor Nr.1 der Mucca-Milk-Corp. in San Francisco, notierte mir die Mobilnummer meiner Auftraggeberin, und Frollein von Snakenwald stolperte nach einem kurzen Abschiedsbussi trocken, zerknittert, aber wohlbehalten ins Gebäude.

Ich selbst machte mich auf den Weg in den Lower Great Highway Park an der 48th Avenue, wo ich nicht nur einen der schönsten Strände der Welt genießen, sondern auch den Nackteisverkaufsprofikater Bim Jeam treffen konnte, einen der besten Informanten der Katzenwelt. Eigentlich machte er, was alle Kater der Welt machten, die nicht wie ich Privatdetektiv geworden waren... Nichts. Aber das war das Geheimnis. Jeder Strandlarry laberte ihm die Ohren voll, mit allem, was er hören oder nicht hören wollte. Und da Bim ein fotografisches Gedächtnis hatte, konnte er aufs Stichwort jedes Geheimnis wiedergeben, das je seine Soundknöchelchen erreicht hatte.

Ich parkte am Strand, steckte aus meinem Handschuhfach das Schildchen „Psychiater im mobilen Einsatz" hinter den Scheibenwischer, zog im Schutz des linken Kotflügels die Poohbär-Badehose an und nahm mein olles Surfbrettchen aus der Lady-Baba-Collection mit zum Strand. Eine zierliche Katzenlady schaute mir nach und rannte vor den Badminton-Netz-Pfosten… ich winkte ihr freundlich zu. Dann stürzte ich mich in die Fluten.

Ich wartete auf eine der kleineren Wellen, um eine möglichst guten Eindruck zu machen, wurde eingerollt, überschlug mich mehrfach unter Wasser, entkam knapp einem Tigerhai und surfte dann gekonnt im flachen Wasser am Strand entlang.

YouTube ist überall, und so versucht man halt, immer ne gute Figur zu machen. Zwei Strandmiezen wurden ohnmächtig, als ich elegant das Bord auf den Strand kickte und mit einer Rolle vorwärts im heißen Sand landete. Keine Sekunde zu spät. Bim stand nur wenige Meter entfernt und winkte mir auf seine melancholische Art zu! Hektik war Bims Ding nicht… ich joggte lässig hin, versuchte mir den Schmerz, den der heiße Sand verursachte, nicht ansehen zu lassen – Strandlatschen fand ich schlicht uncool – und gab Bim „Fünf".

„Brooooooooooooooossaaaaaaaaaaaa, good old Adriman on the beach, what the hell?", quietschte er in mein Ohr und ließ bei der Umarmung das Eiswägelchen los, das jetzt ungebremst auf einen Badmintonpfosten zuraste, an dem…

„Was geht ab, Brossaaaa?" fragte ich Bim, und er ratterte die letzten 3 Monate runter. Ich stoppte den Vorlauf, als das erste Mal das Wort Farbe fiel.

Er berichtete, dass auch hier am Strand immer mehr coole Cats und Dogs mit Mucca-Milch und Pillen bewaffnet Farb-Partys feierten. Alles ganz harmlos, aber in den Clubs kam es in den letzten Wochen zu erheblichen Zwischenfällen mit kollabierenden Pets, die verzweifelt den Namen einer Farbe an die Laserlichtdecken brüllten. Es hatte noch keine Toten gegeben, aber es war oft knapp gewesen, und offenbar gab es eine legale und eine ungesunde Variante der Pillen.

Die illegale Variante hatte wohl die schöneren Farbeffekte, wirkte schneller und ließ sich für die Hälfte des verbindlichen Preises des Originals beschaffen. Manchmal wurden auch die Kids vor den High-Schools angefixt, und Bim war auch selbst schon angesprochen worden. Er war sich aber nicht sicher, ob sein Rasta-Filz noch Auffrischung farblicher Art brauchte, da er bereits von jeder Eis-Sorte bunte Reste im Fell hatte.

Ich fragte nach Namen, und Bim wechselte ohne Pille die Gesichtsfarbe in Jacko-Blass.

„ Brossaaaaaaaaaaaa, Pfoten weg, Sausalito-Pit soll die Finger drin haben!!!"
Ich schluckte dreimal... den Auftrag hätte ich besser einem unbequemen Konkurrenten gegeben! Sausalito-Pit!

Ich gab Bim „Fünf" und einen Hunderter… Gracylein würde es richten. Dann steppte ich zum Dodge, warf dem Beamten, der sich prüfend vor dem Wagen aufgebaut hatte einen besorgten Psychiater-Blick zu. Der Cop grüßte höflich und ich zeigte auf die Lady, die gerade am Badmintonplatz unter dem Eiswägelchen hervorkrabbelte und immer "Der Pooooooooooh-Bär war es!" rief. „Da kann ich nichts mehr tun", sagte ich, und er stiefelte los, to protect and to serve. Ich setzte die Ray-Bean auf und fuhr los.

Sausalito-Pit... er soll mal eine undichte Stelle in seiner Gang zu Nachos verarbeitet und im Kino bei Fluch der Ballistik VI vernascht haben. Mir wurde schlecht.

Und die Farbpillen-Pröbchen aus Loch 16 brannten mir im Felltäschchen wie glühende Kohlen.

Kapitel 5

Ich fuhr die 48th Street hinauf bis zur South Bay und stellte den Dodge unterhalb der Golden Gate auf einen Parkplatz. Dann schlenderte ich am Ford Point an der Bay entlang, merkte kaum, wie der Nebel immer dichter wurde, bis die Golden Gate wie ein Spuk vor meinen Augen verschwand. Eine Horde Touristen lief grölend an mir vorbei, einer kickte nach mir, ich packte seinen Fuß und ließ ihn ein paarmal um sich selbst rotieren… dann ließ ich los, und er robbte quiekend hinter seinen Kumpels her. Ich hatte keinen Bock auf Stress, setzte mich hinter einen der Felsblöcke am Wasser und begann nachzudenken.

Erstens: Lina Listig musste her. Ohne ihre technischen Fähigkeiten war ich hier aufgeschmissen. Sausalito-Pit…

Zweitens: Fellfarbkugeln. Es gab also zwei Varianten, soviel war klar. Eine legale, mit TÜV-Siegel und Bio-prooved. Vegetarisch gewaltfrei verpulvert. Dann eine illegale Sorte mit Killerpotential und eingebautem Flickflack. Die Wirkung war verheerend. Bim hatte eindrucksvoll geschildert, was so abging in den Clubs und auf den Strandpartys. Ich sah an meinem Cappuccino-Eisbär-Tigerfell hinunter und stellte mir vor, in meiner Badehose Pooh-Bär-Gelb anzulaufen…..ich brüllte bei dem Gedanken vor Lachen, und ein paar Kids sahen entgeistert zu mir herüber. Einer warf mit einem Doppelschoko-Keks nach mir… ich warf zurück und versenkte den Keks in seiner Kauleiste.

Drittens: Sausalito-Pit. Er war der richtige Mann… nee, Hund für den Vertrieb, und die Pitbulls auf dem Highway heute Morgen waren durchaus doof genug gewesen, um auf seiner Gehaltsliste ganz oben zu stehen. Aber Drogen herstellen??? Dafür fehlte ihm eindeutig das

Licht in seiner knapp mit LED beleuchteten Köterbirne. Da dies auch in Deutschland nicht für den Wesenstest gereicht hatte, war Sausalito in jungen Jahren mit einem Leberwurstcontainer in die Staaten ausgewandert. Hier hatte er schnell Tatze gefasst, hier ein paar krumme Dinger, da ein paar Rehpinscherdamen auf dem Laufsteg der Hafenbetriebe. Ein bisschen Catnip-Handel, ein wenig Auftragsbeißen bei Mondlicht. So nach und nach war sein Revier gewachsen, und jetzt gehörte ihm fast die gesamte Gegend von der nördlichen Golden Gate bis zur Richardson Bay.

Ich beschloss, zum Wagen zurück zu schlendern und die Liste ab zu arbeiten. Lina schickte ich eine SMS, bekam postwendend eine zurück: BIN SCHON IM FLIEGER, HOL MICH HEUTE NACHT UM 0:30 AM SFO AB, WARTE IM PLANT CAFÉ. Kein Herzchen, kein Küsschen. Mmmh.

Aber prima! Plant Café passte, das war genau entgegengesetzt zu Sausalito. Meine Laune stieg. Ich erreichte den Dodge und startete Richtung Flughafen. Auf dem Weg dahin beschloss ich, einen alten Kumpel zu besuchen. Wenn der noch gesund und am Leben war. Afghani O. Karma-Krishna, ein waschechter, reinrassiger Afghane-Pudel-Labrador-Mischling, war der beste Drogenexperte in den Staaten. Das O stand für Opium, seine Mutter hatte ihm den zweiten Namen nach seinem Papa gegeben. Gute Freunde nannten ihn AOKK. Er wohnte in einem kleinen Hinterhof zwischen Kaiser Permanente Medical Center und dem California Golf Club. Er hatte sich von seinen Geschäften zurückgezogen und widmete sich nun ganz der Forschung. Wenn einer was über die Fellfarbkugeln wusste, dann AOKK.

Ich nahm diesmal den offiziellen Wanderweg neben dem Golfplatz, um keinen Ärger zu bekommen. Ein paar

Liebespärchen winkten mir begeistert zu! Ich parkte unweit der Villa von AOKK hinter einem kleinen Wäldchen, das den südlichen Teil des Golfclubs begrenzte. Hier hauste AOKK in aller abgeschiedenen friedlichen Stille in einem ehemaligen Golfschläger-Depot, dass er sich liebevoll umgebaut hatte.

Ich klopfte den alten Code im Morsealphabet…S…D, und schon schwang die Tür auf und ein schlumpfblauer AOKK öffnete mir die Pforte. Holla die Wildkatze! Afghani war so blau wie man nur sein konnte, aber er sprach total klar: „Addriiiiiiiiiiiiiiiiiiiii, oller Katzenbeglücker! Wie lang ist das nur her!!!" und schleckte mich mit seiner blauen Zunge fröhlich ab. Ich revanchierte mich mit ein paar tiefen Kratzern in seinen Ohren, und er ließ lachend ab! „Ganz der Alte, ich hatte schon mit dir gerechnet! Frollein von Snakenwald hat mich angerufen und mir ein paar Exponate ihrer Entwicklung geschickt….ich sehe, du hast die Felltaschen auch voll mit Pillendöschen!"

Ich staunte Bauklötze, Gracylein hatte Kontakte!!!! Ich warf meinen Pillenanteil auf den Tisch und murmelte: "All in", und AOKK lachte schallend. „Das sind die Offiziellen", stellte er nach kurzem Schnuppern fest. „Mittlerweile kenne ich alle Sorten in- und auswendig. Es gibt die offiziellen von Fleur de Chateau Dernièr-Coin, und dann sieben oder acht Sorten Fälschungen, fast alle ungefährlich bis auf ein paar Allergien, Dünnpfiff und Fellausfall. Die originellste besteht zu 99 % aus Rizinus-Öl. Nur eine ist dabei, deren Zusammensetzung ich nicht knacken kann. Das ist die Killerpille aus den Clubs."

Ich fragte ihn, was das Ding so gefährlich macht, und er berichtete von den Beobachtungen, die viele Augenzeugen gemacht hatten. Der Wunsch nach einer bestimmten Farbe wurde irgendwann übermächtig, und genau diese Farbe bekam das arme Opfer nicht. Es nahm einfach immer mehr und in immer kürzeren Abständen neue Kugeln, brüllte den Farbnamen bis zum Eintritt des Wahnsinns. So war ein ungeheurer Konsum gesichert, denn bis zur Endphase des Wahnsinns waren mindestens zweihundert Pillen konsumiert. Von den legalen brauchte man mal eine oder zwei am Wochenende, aber der Farb-Wahn ließ den Konsum drastisch nach oben schnellen. Oft dauerte es Wochen bis zum nervlichen Zusammenbruch.

Ich nickte, jetzt wurde manches klarer. AOKK fragte, ob ich einen Drink wolle, aber ich lehnte beim Anblick der quietschgelben Flüssigkeit ab. Ich gab ihm „Fünf" und sagte brav Ciao, nicht ohne ihm eine meiner beliebten Catnip-Zigarren in die Schnute zu stecken, die er mehr liebte als alle Reagenzgläser dieser Erde.

Minuten später manövrierte ich den Dodge durch den Feierabendverkehr zum Airport, zeigte meinen Presseausweis und fuhr über die Rollbahn 1 direkt zum Café. Lina Listig!!! Ich sah sie sofort, erkannte sie an der sexy roten Mütze mit den Buchstaben DsrM, rannte behände, aber doch leger auf sie zu… und lag nach der härtesten aller harten Backpfeifen horizontal in der Luft, bevor die Schwerkraft mir den Weg zu ihren bezaubernden Hinterpfötchen wies.

Wat war denn Nu???

Kapitel 6

Meine Ohnmacht ersparte mir die Standpauke meiner allerliebsten, leicht emotional verkrampften Sekretärin, so dass ich mich nur noch aufrappelte und den Rest der Predigt, in dem sehr oft das Wort Aleksandra vorkam, mit einem Küsschen erstickte. Frollein Listig verstummte augenblicklich und erzeugte ihr bemerkenswertes Vakuum, dass mir so oft den Telefondienst ersparte, da ich nicht rangehen konnte.

Nach einunddreißig Minuten machte es Plopp, und ich gab ihr einen kurzen Lagebericht. Lina Listig dachte kurz nach, stellte dann fest, was ich befürchtet hatte: An einem Besuch bei Sausalito-Pit ging leider kein Weg vorbei. Da es aber schon weit nach Mitternacht war, nahm ich meine Sekretärin bei der Pfote, geleitete sie galant zum Dodge, drückte den Knopf für das Nightentertainment, und der Dodge veranlasste selbstständig die notwendigen Umbauten für eine geruhsame Nacht mit allen Vorzügen eines Luxus-Mobils.

Meine persönliche Lieblingsverwandlung war das Catswell-Massage-Modul für mein Kuschelbettchen. Sanft wurde man in den Schlaf geschubbelt, wenn man es denn wollte.

Das Bord-TV ging an und ich schaute noch zwei Folgen „Die Straßen von San Francisco", und Lina Listig traf noch einige wichtige Vorbereitungen für den Besuch im Marin County, während ich schon mal an meine Gesundheit und das Stählen meiner Muskulatur dachte. Während des Denkens schlief ich ein. Sausalito-Pit musste bis morgen früh warten...

Morgens erwachte ich schon um 5 Uhr, eine Sportmaschine war relativ dicht über den Dodge geflogen, und ich zog meinen coolen schwarzen Laufanzug mit den rubinroten Laufschuhen an, drückte Lina Listig ein Küsschen auf die noch schlafende Nase und joggte los Richtung Airport-Center. Ich besorgte ein monumentales Frühstück aus 7 Thunfischsorten mit etwas Gemüse (ein viertel Gramm Rucola gehört für mich zu einem Fitnessfrühstück dazu), erstand noch eine Pfälzer Kräuterleberwurst von einem deutschen Touristen, der mich leicht verängstigt anblickte, weil er sich den ersten Amerikaner hinter der Zollabfertigung ganz anders vorgestellt hatte, und joggte schnaufend zurück zum Dodge. Die wochenlange Sitzerei im Büro hatte meinem athletischen Körper nicht gut getan, und ich hoffte, dass die vielen Kräuter in der Leberwurst mir ein wenig meiner alten Power zurückgeben würden.

Ich besorgte noch einen Kaffee und drei Heidelbeer-Sahne-Muffins im Café Plant am Airport, Lina Listig nahm gern einen Muffin zum Kaffee, die anderen beiden würden mich bis heute Abend am Leben halten.

Welch ein Hallo im Dodge. Ich klappte das Siebenlagen-Kaschmir-Verdeck hoch, breitete das Tischtuch aus, und wir frühstückten im frühen Sonnenlicht. Meine Pulsuhr meinte: „Finest Workout, 245 Kalorien", und ich aß mit Appetit.

Lina Listig schilderte derweil ihren Plan. Zuerst hatte ich einen Fahrauftrag in die 2066 Union Street, wo `Le Marciel, Bakery for Dogs` im Guckel-Suchdienst meines Cat-Pod ZeroZeroSeven erschien. Ich sah auf mein Bäuchlein und dann Lina Listig entzückt an, shoppen war genau mein Ding. Cat`s Food war in den Staaten so ekelhaft ausgewogen und gesund, da kam mir ein kleiner Hundekuchen gerade recht.

Den Dodge gestartet, warf ich mich auf die Van Ness Avenue Richtung Marine District, während Lina Listig hinten das Geschirr spülte und die Bordküche einklappte. Im Rückspiegel sah ich sie am Waffenschrank schnuppern... Nananana, das sollte was werden. Ich fühlte ein Schweißtröpfchen an meinem linken Ohr entlanglaufen, ignorierte es aber tapfer und dachte fast eine Automeile nicht mehr an Pitbulls oder Gebisse oder PumpGuns oder gefressen werden...

2066 Union Street. Lina bestand darauf, dass ich am Steuer wartete, betrat Le Marciels Shop und kam 11 Minuten später mit einer XXXXXXL-Tüte zurück. Kofferraum auf, Tüte weg, Kofferraum zu. Nix für den mutigen kleinen flauschigen Detektiv. Kein eines kleines Schweineöhrchen zum Knabbern. Nixn. Menno.

Dodge anlassen, weiter auf der 101, und nur 30 Minuten später schaukelten wir auf der Golden Gate Richtung Norden. Lina Listig seufzte verzückt beim Anblick der Bay, die kleinen Schiffe sahen wie Spielzeuge aus, und ich hielt in der Mitte der Brücke auf der rechten Fahrspur und schaltete das Warnblinkelicht an, damit wir in Ruhe einer Jacht mit kleinen, winkenden japanischen Glückskatzen zuwinken konnten, die aufgeregt Fotos mit Dutzenden ihrer modernen NICATs machten. Die anderen Autofahrer auf der Brücke hupten uns begeistert zu, und ab und an winkte ich freundlich zurück. Der Wind zerzauste unser Fell. Welch ein romantischer Augenblick.

Doch die Arbeit rief, und wir stiegen wieder ein, ich ordnete mich defensiv in den fließenden Verkehr ein und wir erreichten unter dem Winken und Hupen freundlicher Amerikaner das Nordende der Golden Gate. Wir folgten dem Redwood Highway bis zur Ausfahrt 444, und ich achtete sehr auf das Citylimit von 25 Meilen, während wir auf dem Bridgeway Richtung Waldo Point Harbor gondelten. Ich parkte den Dodge im Villenviertel der 15 Gate 5 Road, damit ihm nichts passiert und die Meldepittse von Sausalito-Pit uns nicht all zu früh melden konnten. Hier schob rund um die Uhr ein Sicherheitsdienst Wache, und Lina und ich schnappten uns unsere Profi-Distanzschleudern, je 50 Stahlkugeln in verschiedenen Größen (meine Favoritin war die schwarze SuperBowl mit 7,5 Kilogramm). Lina Listig zog den marinablauen Sportlederanzug an und schnappte sich die „Le Marciel"–Tüte aus dem Kofferraum des Dogde. Ich riskierte einen Blick hinein, holte mir aber eine zärtliche Kopfnuss.
Schweineöhrchen. In der Tüte waren hunderte Schweineöhrchen. Ich sabberte.

Lina schloss den Dodge ab und zog mich an der Pfote an dem skeptisch blickenden Wachpudel des Sicherheitsdienstes vorbei. Ein verlorenes Schweineöhrchen später erreichten wir den Bridgeway, und es waren pfotenläufig noch etwa 600 Meter bis zum Remington Dog Park, wo Pit seine Hauptgeschäftsstelle haben sollte.

Ich schaute tapfer nach vorn, während ich an Linas Pfote sanft gezogen Richtung Park stolperte. Der beißende Geruch von `Eau de Köter du Piss` drang an mein Näschen, und ich setzte die Ray Bean auf, um cooler zu wirken.

Noch 10 Meter bis zum Parkeingang. Ein weißer Pitbull tauchte im Törchen auf. Er griff zum i-Dog 5 und sprach hinein. Dann brach die Hölle los.

Kapitel 7

Wer Lina Listig einmal so richtig in Aktion gesehen hat, der legt sich nicht im Traum mit diesem Tornado an. Der erste Pitbull war schnell bei uns, Lina ließ ihre Krällchen in der Morgensonne aufblitzen, und Sekundenbruchteile später lag der weiße Held als Flusensieb auf dem Gulli. Aber das war nur eine Momentaufnahme, denn jetzt war es wirklich zappenduster im Karton! Ich kam kaum mit dem Zählen nach, bei 12 war bei mir mathematisch eh das Ende der Fahnenstange erreicht (mehr muss eine Katze nicht, ab 13 geh ich immer zurück zu 3 und fange bei Null an. Theoretisch bin ich dann beim siebten Mal bei zweiundneunzig, wenn ich nicht vorher einschlafe. Ihr müsst das nicht nachrechnen, es ist alles im großen Buch aufgeschrieben!).

Eine ganze Pitbull-Großfamilie war auf dem Weg zu uns! Zwar waren sie nicht mit technischem Gerät ausgerüstet, hatten aber ihre Zähne dabei. Dass der eine oder andere davon fehlte, machte die Lage kaum entspannter.

Ich hatte mich bei Linas Krallenzauber vor Bewunderung mit dem Mittelkrällchen der linken Pfote im Gummi meiner Zwille verheddert, konnte aber noch prima rückwärts laufen. Das schaffte die nötige Distanz. Lina stand im Weg, sonst hätte ich sicher bereits eine stattliche Zahl unserer Gegner erlegt, so schaute ich, dass ich mein Krällchen freibekam und übersah den Bordstein. Kloink.

Ich lag auf dem Rücken, und der blaue Himmel wurde plötzlich von einem rosa Pitbullbauch verdunkelt. Ich ließ das Gummi der Zwille schnacken, und ein Jaulen bewies mir, dass Pitti nicht aus Gummi war. Jetzt war ich bereit, die erste Stahlkugel wechselte aus meinem Felltäschchen in atemberaubender Geschwindigkeit ins Gummi der Zwille, und ich ließ die Kugel flitzen.

Ein Pitbull mit sehr gelben Zähnen und einem hässlichen Überbiss war schon sehr nahe an Lina Listig dran, hatte aber jetzt plötzlich ein kleines Loch im vorderen Gebissteil und machte Flötentöne. Seine Nachbarn schauten ihn streng an, aber er flötete mit weit aufgerissenen Augen munter weiter, während er meine Kugel hinunterwürgte. Schnell legte ich Nummer Zwo ein, Zug, Schuss, Kugel, Zug, Schuss… ich ließ die Zwille tanzen!!! Ein munteres Straßenkonzert hob an, je nach Fehlen des Vorderzahns in der Gebissreihe entstand ein Pfeifen in D-Dur, C-Dur oder A-Moll, und die Scorpions wären sicher neidisch gewesen. Dennoch – es wurde eng. Die Meute war einfach zu groß, und nur die Verwirrung über das lustige Pfeifkonzert gab uns ein paar Sekunden Zeit.

In diesem Moment öffnete Lina Listig die Schweineohrentüte, Griff hinein, Ohrenwurf nach links, Griff hinein, Ohrenwurf nach rechts. Dann oben, hinten, mittig. Chaos! Eine wilde Balgerei setze unter den Schnuffis ein, der Geruch machte sie irre. Nur die mit den größten Zahnschmerzen beteiligten sich nicht am Straßenbuffet, pfiffen aber muntere Lieder dazu. Nur die bösen Blicke in unsere Richtung passten da so gar nicht zur Musik. Ich lud nochmal durch, ließ die „SuperBowl" liebevoll durch meine Krällchen gleiten und schoss dem dicksten Pit das Schweineohr zwischen den Zähnen weg. Seine Zahnlücke reichte jetzt für eine ganzheitliche Mahlzeit mit Fleisch und Obst nebst einem Kürbis, dabei gab es ein Potpourri mit Ilse Werners größten Hits.

Dann gaben Lina und ich Hackengas, durch die Meute hindurch und hinein in den Park, Lina noch immer mit einer Pfote im Aus-der-Tüte-Schweineohrenwurfmodus, ich mutig hinter ihr her. Traurig schaute ich auf die Schweineohren… gern hätte ich mehr Zeit mit ihnen verbracht. Aber wir hatten ja ein Date mit Sausalito-Pit. Der wusste noch gar nichts davon.

Pit hatte sein Hauptquartier am Ende des Parks in einem lauschigen Agavenhain angelegt, mit Herzchen-Klo und vielen versnobten Hängematten, Trainingsplatz für die Kampftruppe mit Stoffkätzchen als Übungsobjekt, Pool mit Schlammcatch-Anlage, und wieder aufgehängte Stoffkatzen über einer Tartanbahn. Ich mochte Pit nicht, schon bevor ich ihn kennengelernt hatte. Das Haus selbst glich einer überdimensionalen Pommesbude im Ruhrpott. Überall Preisschilder, aber nicht für Currywurst, sondern für Waffen, Drogen aller Art mit Frühbucherrabatt, Uhren, Halsbänder und Schmuck aus Thailand und China, garantiert antik. Ganz hinten links ein paar hundert Einmachgläser mit Fellfarbkugeln. Ich erkannte sie sofort. Es waren die Fälschungen, Frollein von Snakenwald hatte die Originale bei sich gehabt, und Afghani hatte mir die Echtheit bestätigt. Ein Glas mit 10 Kugeln kostete 27,00 US-Catdollars. Wahnsinn! Hier wurde Kohle gescheffelt. Der Rest der Drogenpalette bestand aus Catnip-Plagiaten, Oil of Tofu und dampfenden Roibuschpfeifen.

Inmitten dieses idyllischen Drogenparadieses stand Sausalito-Pit in seiner ganzen Schönheit. Und allein. Mir ging es plötzlich deutlich besser, und der olle Hit der Ärzte „Immer mitten in die Fresse rein" wurde zum Spontanohrwurm. Lina zwinkerte mir zu, und ich donnerte die Tür der Hütte hinter mir zu, schloss ab und ließ den Schlüssel im Felltäschchen verschwinden.

Pit sah uns entgeistert an, da kam schon die Denkhilfe in Form von Linas Handtasche mitten zwischen die Ohren des Gangsters. Stille. Pit rollte mit den Augen, setzte dann zu einer Frage an. Lina räusperte sich, vollführte zwei Drehungen und verbesserte ihren Score mit dem zweiten Versuch, der das erwünschte Ergebnis brachte.

Strike. Pit fiel in einer wunderbaren Slowmotion nach hinten und legte sich zwischen zwei Regalen voller Fellfarbkugelgläschen schlafen. Ich nahm sein i-Dog 5 und schickte eine Rund-SMS an seine Partyfreunde: „Heute Urlaubstag wegen einer Familienfeier". Lautes Freudengejaul vor der Hütte bestätigte uns den Eingang der Nachricht.

Lina reichte mir ein paar Kabelbinder aus den unermesslich großen Beständen ihrer Pfotentasche, und ich band Pit die Vorder- und Hinterpfoten zusammen. Keine Minute zu spät. Er kam zu sich, und er war sichtbar ungehalten. Erst nach mehrmaligem Räuspern drangen meine Worte an seine Öhrchen vor. Bis dahin gab er eine ganze Reihe mir teilweise noch unbekannter Flüche von sich. Bei einer sehr abfälligen Bemerkung über Linas Fellfrisur piekste ich ihn mit der linken Zeigekralle in die Nase. Er entschuldigte sich augenblicklich bei Lina, schimpfte aber dann weiter. Bis zum Räuspern halt.

Ich erklärte ihm kurz die aktuelle Lage und unser persönliches Anliegen. Er lachte hämisch und nahm wieder seine distanzlose, grenzüberschreitende Rede auf, die wir eben unterbrochen hatten.

Ich ließ ein Kügelchen munter zwischen den Krällchen rollen und verlor es just hinein in einen lauten Vokal aus seiner vorwitzigen Hundeschnauze. Plumps. Als Pit aufging, was er da lutschte, spuckte er die Kugel weit in den Raum hinein zwischen die Regale. Ich nahm eine zweite Kugel, legte sie diesmal in das Gummi der Zwille, zog weit zurück und zielte auf Pits ultraweiß strahlenden Vorderzähne. Hoppala! Seine Augen folgten ungläubig dem Kügelchen, und ich ließ das Gummi los. Autsch. Zahn und Kugel flogen unter wütendem Quietschen Richtung Lina, und ich lud die Zwille mit Kugel Zwo und einem Schweineohr als Zugabe.

Pit begann zu schwitzen und redete hektisch von Tasso, Peta, Amnesty und Zalando. Ich zog das Zwillengummi ein wenig weiter zurück und schloss ein Auge zum Zielen. Nun brachen alle Dämme. Lina zog den Notizblock und notierte, ich wechselte die Zwille gegen sein i-Dogphone und nahm den Text auf.

Bei allem erdenklichen Unsinn von schwerer Welpenzeit und schlechten Freunden, einer grauenhaften Zeit in einem katholischen Hundeinternat und verdorbenem Futter und Tierversuchen kristallisierte sich heraus, dass Pit in den Staaten das Monopol auf den Vertrieb der Fellfarbkugeln hatte, sein Auftraggeber Anweisungen aber nur per ISD (I Seek Dog) Messenger erhielt. Dann musste Pit die Ware abholen und die geforderten Catdollar in einem Postfach mit der Nummer 666 in Sausalito hinterlegen. Die Verteilung der Fellfarbkugeln übernahmen dann Pit und seine Kumpels.

Ich schaute Lina an, und sie nickte mir zu. Hier war nichts mehr zu holen. Pit war schneeweiß um die Nase beim Anblick der Zwille, und es war klar, dass er die Wahrheit gesagt hatte. Außerdem war es ausgeschlossen, dass Pits Intellekt zur Entwicklung und Herstellung der Droge ausgereicht hätte. Ein Blick auf seinen Schreibtisch mit `Best-Cat-Meal`- und `Häute die Katz`-Comics reichten mir da völlig. Ich holte ein Fläschchen Muccamilch aus der Minibar, löste ein Dutzend Fellfarbkugeln mit der Aufschrift `Bisonbraunmetallic` auf, holte einen Trichter aus der Küche und schob ihn durch die Zahnlücke. Pit jodelte nun wie die Buam beim Oktoberfest, aber ich ließ schnell den Inhalt des Milchmixgetränks durch den Trichter laufen und freute mich über Pits gluckernde Reaktion. Dann machten wir ihn los, verließen die Hütte und schlossen von Außen ab. Pits Handy nahmen wir in Sicherheitsverwahrung... ich hatte da so eine Idee.

Lange begleiteten uns die guten Wünsche unseres neuen Freundes, dann trug uns der warme Wind der Küste die gejaulten Rufe nach `Bisonbraunmetallic` zu.

Wir verließen den Park durch den östlichen Ausgang. Sicher ist sicher. Zurück beim Dodge starteten wir und fuhren ins CatDrive-in bei Tuna-King. Ich hatte Hunger, und Lina war nach einem Gläschen Catsecco, um den Geruch nach Hundehütte schnell zu eliminieren.

Es wurde kniffelig, und wir mussten nachdenken.

Kapitel 8

Ich versuchte, die Krümel des Tuna-Burgers – ich hatte mich für ein Kitty-Big-Meal mit Thunfisch, Mausschwänzchen und der unwiderstehlichen Nachtfalterkonfitüre entschieden – vom Sitz des Dodge zu kratzen und ärgerte mich dabei selbst über die kleinen Fettflecken auf dem wunderbaren Bezug. Lina prustete vor Lachen den Catsecco an die Frontscheibe. Wir waren nach unserem Husarenritt durch den Park sehr entspannt, aber keinen Schritt weiter. Ich hatte kurz Bim Jeam angerufen und ihn gebeten, die Cops zum Remington Dog Park zu schicken, damit sie dort unser kleines Geschenkpaket in Empfang nehmen konnten. Sollte Bim ruhig die Lorbeeren einheimsen, für uns war Anonymität im Job Gold wert.

Wir rülpsten laut unisono `Freude schöner Götterspeise`, und ich gab Gas und ließ den Dodge in die Nachmittagssonne der Golden Gate gleiten. Lina legte die Highheels auf die Ablage, und ich legte die neue CD von den Boring Cats ein. Ihr aktueller Hit `Lazy Cats in the Afternoon` war der Renner. Ich sang laut mit, und irgendwie führte uns der Weg automatisch in die 850 Bryant Street zum Police-Departement von Mike Stone und Steve Heller. Ich hatte mir immer mal vorgenommen, meine Serienhelden zu besuchen, und jetzt war endlich mal Zeit dafür!!!

Die Kollegen sahen mich verständnislos an, als ich nach Mike und Steve fragte, aber die Luschen waren natürlich überrascht, einen Kater nebst Model-Katze im Polizeirevier nach ihren Chefs fragen zu sehen!! Ich beruhigte die Spacken, wünschte noch einen schönen Tag und hinterließ ein paar post-its an der Tür mit der Aufschrift „Chief-Detective". Dann nahm ich noch eine der coolen Magnet-Sirenen vom Schreibtisch eines

Kollegen, verließ das Revier, stieg in den Dodge und setzte die magnetische Sirene aufs Dach.

Dann rasten wir 16 Blocks über die Montgomery Street von einem Ende der Stadt zum anderen, und Lina Listig quietschte vor Vergnügen. Einige Dealer rannten um ihr Leben, als die vermeintliche Wiedergeburt der Helden Mike und Steve vorbeidonnerte… dabei hatte Mike doch einen ollen Ford gefahren!

Genau in dem Moment, als wir das Haus von Steve Heller an der 572 Rhode Island Street erreichten und ich aussteigen wollte, um bei Steve zu klingeln, klingelte Sausalito-Pits i-Dog 5 auf dem Rücksitz. Ich warf einen Blick zu Lina, die nickte, und ich drückte den grünen Knopf und bellte: „WAS?" in den Hörer. Ich bin ein echtes Sprachtalent. Wenn es darauf ankommt, kann ich auch eine Ente nachmachen.

„17:30, 4th and King Station, California Bus nach San Jose, im Gepäckfach findest du alles, was du brauchst. 1,5 Mio Catdollar am üblichen Platz bis morgen um 08:00 a. M., wie immer!" Klick. Ende des Gesprächs.

Das also war der mysteriöse Auftraggeber unseres Sausalito-Farbschnuffels! Die Spur, das Ende des richtigen Fadens, da hatten wir jetzt nicht mehr mit gerechnet. Offenbar war Pit wirklich nicht in der Lage, seinen Boss von sich aus zu kontaktieren. Und genau das war jetzt unsere Chance… ich hatte da so einen Gedanken!!! Ich brauchte nur eine Futterdose mit lange abgelaufenem Haltbarkeitsdatum. Ich startete den Dodge, - schade Steve, another time - trat das Gas durch und fuhr zum Hafen.

Kapitel 9

Ich verließ Cats and Dogs – Home of fresh food – in der Marina, verstaute meinen Einkauf im Kofferraum und achtete nicht auf Lina Listig`s fragenden Blick. Stattdessen lächelte ich wissend, was sie erst recht auf die Palme brachte. Ich pappte ihr einen meiner Adri-Spezial-Schmatzer mit Öhrchenkrauler auf, was immer zu totaler Entspannung unseres Arbeitsverhältnisses und dem Ende jedweder Gehaltsdiskussionen führte. Dann erklärte ich ihr meinen Plan, und sie strahlte wie die Sonne, die jetzt gerade hinter Alcatraz Island versank.

Genau in diesem Moment schellte mein i-Cat, und auf dem Display leuchtete in bunten Lettern `Aleksandra`. Nur doof, dass Lina schneller am Handy war als ich und die Teilnehmerin mit energischem Krällchendruck wegdrückte. Ich rief sofort zurück, was mir einen schmerzhaften Schienbeintritt einbrachte. Ich hatte auch nicht vorgehabt, mich mit „Autsch" zu melden, aber der zweite Tritt landete in meiner Kniekehle und ließ mich im Dodge zusammenknicken. Ich setzte den strengen Chefblick auf, und Lina war so freundlich, mich das Gespräch mit meiner Klientin führen zu lassen. Frollein von Snakenwald berichtete unter Tränen, man habe ihr die Formel für die Fellfarbkugeln entwendet. Der Safe sei leergeräumt, und sie habe auch keine Kopie des uralten indianischen Rezeptes. Sie berichtete, dass der letzte Mohikaner es verloren hatte, nachdem er sich Rot gewünscht hatte. Eigentlich seien die Indianer bis dahin grün gewesen, aber „Grosser Bison" hatte es versaut. Aufgetaucht sei das Rezept dann erst wieder in Michael Jacksons Nachlass, der hatte es aber mit niemandem geteilt. Sie hatte es anlässlich einer Wohltätigkeitsveranstaltung für 3 Millionen Catdollar ersteigert.

Und jetzt war es weg.

Verloren für immer. Ich versuchte es mit tröstenden Worten und erntete tödliche Blicke vom Beifahrersitz, als ich Aleksandra von Snakenwald ein Geschäftsessen im Fish-Hut vorschlug, um heraus zu finden, wer der Dieb sein konnte. Die Temperatur im Dodge sank unter 3 Grad, und ich machte die Sitzheizung an.

Dann gab ich Lina die wichtigen Informationen weiter und startete völlig locker den Wagen. Essen bei Fish-Hut war ein echtes Erlebnis, weil man die kleinen Fische noch selbst fangen musste! Ich fürchtete, dass meine diesbezüglichen Erzählungen Linas Laune nur kurzfristig bessern konnten. Aber Dienst ist eben Dienst, da gibt es keine Drückebergerei…

Ich vermisste ein wenig den Drive-in, aber der war Tuna-King vorbehalten, und so parkte ich den Dodge brav auf den beiden Behindertenparkplätzen vor Fish-Hut, legte das Schild „Psychiater im Einsatz" auf die Ablage über dem Lenkrad und führte Lina ins Restaurant. Die Kellnerin nahm die Getränkebestellung auf, ich zückte die Catexpresscard und zahlte das mittlere „Catch-a-Guppy" mit Knofi-Dressing und wir warteten auf Frollein von Snakenwald…

Dingdong… die Tür ging auf und Alexandra rauschte herein, die Augen total verheult und sehr schutz- und trostbedürftig in ihrem knappen orangen Minirock, komplettiert von einem rosa Obenrumehernichtsteil. Rauschte herein, rauschte heran und landete - die Heulnase voran - in meinem Brustfell, das aus dem V-Pullover herauspuschelte.

Kurz bevor Lina mit dem Stielkamm, den sie blitzschnell aus dem Pfotentäschchen gezaubert hatte, die Luft aus

Frollein von Snakenwald herauslassen konnte, setzte ich letztere auf einen Barhocker und reichte Haushaltsrollen zum Trocknen der letzten Niagarafälle. Dann pustete ich mein Brustfell trocken, zwinkerte Lina Listig verschwörerisch zu, ignorierte den Schmerz ihres Trittes auf meine linke kleine Hinterkralle und wir versuchten, Licht ins Dunkel dieser undurchsichtigen Geschichte zu bringen, während wir uns unsere Guppys aus dem kleinen Bächlein auf der Theke fingen. Husch, war wieder ein kleiner Fisch vorbei…

Zack, einen Wels später hatte ich eine Idee! Es konnte sich nur um einen Insider handeln, wer sonst war in der Lage, den Firmensafe zu knacken???

Nun gut, Sausalito-Pits Auftraggeber wollte Kohle sehen, ihn könnten wir eventuell erwischen. Aber die Formel? War es vielleicht derselbe Typ, der Grace-Aleksandra die Formel geklaut hatte??? Vieles sprach dafür, keine Forderung an die Firma, keine an Frollein von Snakenwald wegen Entführung der Farbformeln. War die Formel verloren, war der Auftraggeber vom Pit mit seinem Produkt Marktmonopolist der Fellfarbwelt! Unendlicher Reibach. Die Geschichte machte Sinn! Aber wie kam er an die Unterlagen aus dem Safe??? Ein weiterer Komplize, oder war der Chefgangster selbst in der Firma Fleur de Chateau Dernièr-Coin unterwegs???

Ich fischte noch einen letzten Hai-Wels aus dem Thekenbächlein, dann fühlte ich Frollein von Snakenwald noch einmal auf den Zahn. War Milchlaster-Rico ihr einziger Beglücker gewesen, oder standen noch ein paar Prinzen Schlange, denen sie vielleicht völlig unbeabsichtigt ein Körbchen gegeben oder zwei Körbchen verweigert hatte???

Meine aktuelle Geldquelle berichtete, dass ihr zwar diverse Herren in der Firma durchaus freundlich gesinnt waren, sie aber keinem einzigen Herrn über Gebühr Hoffnung gemacht oder ermutigt habe. Lediglich der Juniorchef habe mal in einem Anfall von Übermut um ihre Hand angehalten, aber sie habe den vor ihr Knieenden lachend mit dem Fuß umgestuppst, weil ihr der Spaß dann doch zu weit gegangen war!

Ich schaute ihr überrascht auf das Heulenäschen… na, da hatten wir ja ein fettes Motiv!

Kapitel 10

Wir fuhren Frollein von Snakenwald postwendend zurück in ihre Firma, begleiteten sie in ihr Büro und suchten dann nach ausführlicher Wegbeschreibung der Forschungschefin das Büro des Juniorchefs. Die Nadel des Sicherheitsausweises der Firma piekste unangenehm durch meinen V-Pullover, und so war ich umso angefressener, als ich das Schildchen an der Tür des Juniors entdeckte: „Bin heute nicht mehr im Haus." Flop!

So hatte ich mir das eigentlich nicht vorgestellt, aber wirklich überrascht war ich auch nicht. Die Tür nebenan war die des Seniorchefs, und ich öffnete ohne zu Klopfen. Der alte, graue Perserkater hockte gebückt vor seinem Schreibtisch und schaute mit der Lupe ein olles Fotoalbum mit Jungkätzchen, wahrscheinlich sein stolzer Nachwuchs. Ich grüßte, stellte mich kurz als Bruno van Snakenwald, Vater der Forschungschefin vor und fragte nach dem Junior, weil ich den künftigen Schwiegersohn ja mal kennenlernen wollte. Zack, verdutzt gucken war sein Ding, und schon hatte ich die Information, die ich wollte. In Denver sei der Spross, verriet der Senior, um mit Geschäftspartnern Verträge auszuhandeln. Ah ja. Ich konnte mir die Geschäftspartner gut vorstellen. Von wegen Denver!

„Isser das da?" fragte ich den Senior und deutete auf das Fotoalbum. „Nein, dieser da mit dem weißen Pfötchen", antwortete der Senior, „Randolf der Schwarzweiße von Mittenimdunklenfichtenwald!" Ich nickte anerkennend und prägte mir die mickrige Figur des Juniors samt seiner blaublütigen Visage blitzschnell ein.

Dann verabschiedete ich mich formvollendet vom Senior, wünschte Gesundheit und langes Leben und das man sich bald mal... Zack, weg war ich.

Lina Listig hatte unterdessen herausgefunden, dass es unmöglich war, einen Safe dieser Qualität ohne Hintergrundwissen und mindestens Schlüssel und Passwort zu öffnen. Tatzenabdrücke hatte sie mit ihrem „Die kleine Detektivin – das nützliche Set zur Tatortermittlung" nicht gefunden, aber das hatten wir auch nicht erwartet. Dafür hatte der Dieb das Microfasertuch, mit dem alle Abdrücke entfernt worden waren, achtlos in das nächst stehende Postkörbchen geworfen, und ein strenger Geruch nach Chat-du-Cologne No 12 verriet uns, dass es sich um einen Kater mit größerer Geldbörse handelte. Ein kleiner 50 ml-Flacon ging nicht unter 360 Catdollar über den Tisch.

Lina schnüffelte verzückt, und mir fiel ein, dass ich mich nach dem Besuch im "Cats and Dogs – Home of fresh food" nicht mehr deodoriert, geschweige denn geputzt hatte. Ich holte das 24-Stunden-Wuschig von Brutto aus dem Felltäschchen und sprühte mich lange, aber nicht übertrieben ein, dann zog ich Lina aus dem Gebäude und zum Dodge.

Wir fuhren zum Postamt nach Sausalito, und ich suchte das Postfach 666, warf den geforderten Betrag von 2 Catdollar ein und öffnete es. Dann zog ich die 2007 abgelaufene Hundefutterdose aus dem Felltäschchen, riss am Zip, stopfte blitzschnell die geöffnete Dose ins Postfach und donnerte die Tür zu. Keine Sekunde zu spät, erste Ausläufer der Gaswolke hatten sich auf den Weg gemacht.

Da ich mich rechtzeitig gebückt hatte, traf das Wölkchen eine Berner-Senner-Rentnerin mit ihrem Hackenporsche, die mich und Lina angewidert ansah und etwas wie „Schmierkatzen" nuschelte, bevor sie würgend davonrauschte. „Fertig", sagte ich zu meiner tapferen Assistentin, die nun auch wissend lächelte. Das

Abholen der vermeintlichen Dollars würde ein unvergesslicher Augenblick im Leben des Gangsterbosses werden, da war ich mir sicher.

Nun war es an der Zeit, den morgigen Tag minutiös zu planen. Ich startete den Dodge, fuhr zur Marina und lud Lina Listig zu einem Strandpicknick ein. Ich zog den Pooh-Bär-Badeanzug an, nahm ein Bad, ließ diverse Gerüche des Tages im klaren Wasser zurück und bewunderte Lina Listig in ihrem Erdbeerbikini, die mit schnellen Kraulstößen das Meer teilte. Wir nahmen nur eine Kleinigkeit zu uns, zwei Pfund Shrimps, Nachos mit japanischer Walspecksoße nebst einer Flasche Catsecco, und dann nickten wir entspannt im warmen Nachmittagswind ein… das Leben war einfach schön in Kalifornien.

Kapitel 11

Zack, mein i-Cat-Wecker erinnerte mich an einen Termin um 17:30 Uhr an 4th and King Station, ich weckte Lina mit einem liebevollen Stupser meiner Nase und zog mich um, da ich ja schlecht im Pooh-Bär-Badeanzug das Gepäckfach im California-Bus nach San Jose durchwühlen konnte.

Ich entschied mich für den eleganten grauen Zweireiher und damit gegen meinen geliebten V-Pullover, nahm Lina Listig an die Pfote, öffnete für sie die Beifahrertür des Dodge auf italienisch nonchalante Weise, stieg dann selbst ein und fuhr los, während mir der Sand aus den Fellpuscheln an meinen Füßen herausrieselte.

An der Busstation angekommen, war es 17:28 Uhr, perfektes Timing, Lina verdrehte irgendwie genervt die Augen und ich parkte den Dodge gekonnt quer vor zwei Überlandbussen. Die Fahrer schienen mich zu kennen und hupten erfreut. San Jose, leuchtete es in digitalen Lettern von einem der Busse, und ich öffnete mit schnellen Bewegungen meiner linken Zeigekralle das Gepäckfach, nestelte den einzigen dort abgestellten Koffer heraus und empfahl mich schnellstens Richtung Dodge. Lina hatte bereits den Kofferraum geöffnet, der Koffer landete geräuschvoll in selbigem, die Achsen winselten unter der Last von ca. 3 Zentnern Fellfarbkugeln, wir stiegen ein und ich gab Gas.

Wir beschlossen, die Nacht im Sheracat-Hotel zu verbringen, da es dort ein ausreichend geräumiges Schließfach für Hotelgäste gab und wir die Tasche nicht im Kofferraum oder ungeschützt in einem Motel-Zimmer lassen wollten.

Wir checkten also im Sheracat ein, ich mietete das Schließfach, sichtete kurz den Inhalt des Koffers, um sicher zu gehen, dass es sich um den richtigen handelte, sah die bunte Bescherung und schloss beruhigt den Koffer. Morgen würde ich Dealer, Dieb, Beute und Bargeld bei Mike und Steve auf dem Revier abgeben und ein wunderbares Foto in der San-Francisco-Glammercat bekommen.

Auf dem Zimmer angekommen machte sich wieder leichter Hunger bemerkbar. Der kam immer, wenn etwas besonders gut funktioniert hatte, und ich fand die Kofferaktion sehr gut gelungen. Und das Strandpicknick war ja auch schon fast wieder 4 Stunden her… Also bestellte ich via Handy bei McCat zwei Juniorkatz-Tüten, da wir für das Restaurant im Hotel nicht mehr das notwendige Kleingeld dabei hatten und ich auch nicht auffallen wollte. Dazu gab es ein Getränk meiner Wahl, und ich entschied mich für einen Frisco-Spezial mit Salmon-Aroma. Lina nahm eine Bloody-Kitty mit viel Mousepieces.

Während wir mampften, besprachen wir den kommenden Tag und unseren Einsatz um 08:00 Uhr an der Poststation in Sausalito. Postfach 666 war präpariert und würde uns den Einsatz erheblich erleichtern. Es sollte nichts dem Zufall überlassen werden…

Kapitel 12

Wir schliefen wie die Murmeltiere, satt und äußerst zufrieden mit unserem Plan. Es würde ein Kinderspiel werden, den Kopf der Bande festzusetzen!

Der Wecker spielte um 6 Uhr 50 „Let the Saints go marching in", und ich pellte mich aus der Kuscheldecke. Lina Listig war weit und breit nicht zu sehen, aber ich machte mir keine Sorgen, sie würde schon auftauchen. Ich huschte ins Bad, erfrischte mich mit einem klitzekleinen Sprühstoß aus dem Flacon mit der Aufschrift `Endless Summer` und bestellte telefonisch ein asiatisches Frühstück mit vielen Hähnchen- und Fischsorten.

Außerdem beschwerte ich mich bei der Rezeption über das permanente Hupen unter dem Fenster meiner Suite. Der Concierge ließ ausrichten, dass es sich um meinen Dodge handelte, der die Quelle der Ruhestörung war, und dass Miss Listig bereits die Rechnung bezahlt habe und im Wagen wartete. Und ob ich den Safe noch abrechnen wolle. Ich verneinte, sicher war sicher, ich hatte keine Lust, mit einer Tasche voller Fellfarbkugeln durch Sausalito zu hupfen.

Ich stapfte missmutig hinunter, ging zum Wagen, warf den Schließfachschlüssel ins Handschuhfach und pflanzte mich mit meinem überzeugendsten Schmollgesicht in den Fond des Dodge. Lina donnerte los, und im Rückspiegel sah ich die `wir-haben-doch-keine-Zeit-Falte` in ihrem bewundernswert munteren Gesicht. Für ein Frühstück hätte es ja wohl noch gereicht, wie soll man denn da arbeiten?

Während ich die Minibar nach Thunfischbrekkies absuchte, gingen wir schnell nochmal den Einsatzplan durch. Dann donnerte der Dodge mit erheblich überhöhter Geschwindigkeit über die Golden Gate nach Sausalito, und um 7:45 a.m. parkte Frollein Listig den

Dodge in einer Seitenstraße 2 Blocks von der Post entfernt.

Ich nuschelte leise: „Das hätte ja noch für ein Frühstück gereicht…", hielt dann aber schnellstens den Rand, als ich den Blick meiner Herzdame auffing. Naja, später war ja noch Zeit genug, oder?

Dann warfen wir uns auf die Straße und rollten uns im Staub, bis wir nicht mal mehr für unsere Mütter zu erkennen gewesen wären. Lina holte die Schilder aus dem Kofferraum, die sie gestern in liebevoller Handarbeit gemalt hatte, ich nahm die Schottenmütze, die ich in einem unserer Urlaube in Edinburgh gekauft hatte aus dem Handschuhfach, und wir betraten das Postamt und ließen uns 3 Meter vom Postfach 666 mit unseren Schildern „Eine Spende für das Tierheim" und der Schottenmütze zwischen uns nieder. Wir sahen wirklich erbarmungswürdig aus, staubig, schmutzig und – vor allem ich – sehr abgemagert, da ich immer noch nichts gefrühstückt hatte. Schon um fünf vor Acht hatte ich 3 Dollar in der Mütze.

Eine alte Katzenoma in einem unsäglich alten Poncho mit Nepalteppichmuster rümpfte die Nase bei unserem Anblick und tupfte mich mit ihrem Krückstock an. „Versuch es mal mit Arbeit, mein Junge", krächzte sie, und ich hatte Mühe, Postfach 666 im Auge zu behalten, weil sie beharrlich auf meiner Schulter herumklopfte. Eine Putzfrau wischte noch dazu inbrünstig um uns herum, so dass auch Lina für einen Augenblick der Durchblick fehlte. Ich beherrschte mich und sprang nicht auf, um bessere Sicht zu haben, ich wollte uns nicht verraten.

Dann ging plötzlich alles ganz furchtbar schnell, und die Geschichte nahm einen Verlauf, den ich nun so gar nicht erwartet hätte.

Oma hob den Krückstock weit über ihren grauen Kopf, ich hatte noch einen Blick auf weiße Pfoten bis Kniehöhe und ein paar teure Gamaschen von Bucattzi frei, da sauste der Krückstock mit ungeheurer Wucht genau zwischen meine Ohren. Millionen Vögel zwitscherten, mehrere Omas vor mir hoben ihre Krückstöcke zum ultimativen Zweitschlag, neben mir versank Lina Listig in einem Meer aus Putzwasser, den Eimer hatten ihr all die Putzfrauen vor uns über ihren Kopf gestülpt.

Dann sausten die Krückstöcke nach unten, formierten sich dicht über meiner Stirn zu einem einzigen und plötzlich wurde es Nacht.

Als auch der letzte Pitbull aus der Meute über meinen Kopf gelaufen war und „HellsBells"-pfeifend in der Seitenstraße verschwand, hob ich den sumsebrumsenden Kopf und blickte auf ein, beziehungsweise noch mehrere Bilder der Verwüstung. Ich versuchte, meine Augen zu fokussieren und sah zunächst den Krückstock und die Klamotten der Oma, die mir den Sumsebrums verpasst hatte. Die mit den merkwürdigen Gamaschen. Dann sah ich den rosa Putzeimer, aus dem unten zwei entzückende Katzenhinterpfoten herausschauten. Und die Klamotten der Putzfrau lagen direkt neben dem Eimer in einer Soße aus Staub, Putzwasser und Postfachdosenbrösel.

Mühsam rappelte ich mich hoch, fiel vorsichtshalber erst mal wieder um und robbte dann zu Lina, hob den Eimer an und begann sofort mit der Wiederbelebung, was mir auch schlagartig gelang. Lina hupfte auf wie von der Schlupfhummel gestochen, und wie auf ein geheimes Kommando sahen wir beide zum Postfach hin. Es war nicht leer. Ein Zettel mit einem dämlichen Smiley lag drinnen, außerdem meine Sammelmütze und die drei leicht verdienten Dollar. Die Dose lag nebst dem bröseligen, noch immer stinkenden Inhalt auf dem Boden, und viele Gäste des Postamtes krümmten sich noch würgend und teils speiend am Boden des Postamtes. Mist. Das war ja wohl voll in die Hose gegangen. Und was am allerschlimmsten war: Meine Schlüssel waren weg. Die vom Dodge, und, was noch viel schlimmer war, die vom Hotelschließfach, denn die lagen im Handschuhfach des Dodge.

Wir sahen uns an und rannten los. Wer weiß, wie viel Vorsprung unsere pfiffigen Gegner hatten. „Und du fällst auch noch auf die Heulboje rein", zischte mir Lina im Hinausstürmen zu, und mir wurde schlagartig klar, wer uns so ausgetrickst hatte. Nur Frollein von Snakenwald kannte den Plan, und ihr gamaschentragender Kumpan war niemand anderes als Herr von und zu aus irgendeinem Gehölz von edlem Geblüt. Mist. Reingefallen und abgezogen. Aufgemischt und veralbert.

Ich bekam rote Wangen und Nackenstehhaare, und meine Ohren legten sich sehr, sehr nah an die Stirn. Lina grinste, wir stoben durch die Drehtür. Der Dodge war weg, aber ich hörte noch sein typisches Brummen nicht sehr weit entfernt, vielleicht zwei Blocks. Ich gab Hackengas, Lina blieb stehen und sah sich um. Dann rannte sie in entgegengesetzter Richtung über die Straße, kreuzte fauchend den Weg einer Segway fahrenden jungen Dame und brachte die erschreckte Lady in eine ungesunde Rotation. Nach sechs teilweise hochbrisanten Drehungen kam die Lady zu Fall, Lina schnappte sich den Segway und donnerte so schnell los, dass ich fast den Einsatz verpasst hätte. Im letzten Augenblick enterte ich das Fahrgerät und hielt mich an Linas Ohren fest, während sie das Segway in eine instabile Rückenlage und meinen Schweif damit zum Brutzeln brachte und mit 25 Sachen losdonnerte. Mein Fell bauschte sich im Fahrtwind, und ich summte leise „Don´t let the sun go down on me", was mir einen spöttischen Blick meiner herzallerliebsten Sekretärin einbrachte.

Die Bananenschale übersah sie in diesem Moment, und wir änderten den Kurs Richtung Hauswand. Lina riss den Lenker herum, doch diesmal regierte das Segway mit

einer 180°-Drehung und jagte in eine kleine
Seitenstraße, direkt auf einen Lieferanteneingang zu.
Der Hintereingang des `The lovely breath of autumn –
Home for old cats & dogs` war glücklicherweise geöffnet,
so dass uns ein Zusammenprall mit der Stahltür erspart
blieb. Nicht erspart blieb uns eine Gruppe Gras
rauchender Rentnerdackel, die hustend zur Seite
sprangen, uns aber mit ihrem Qualm jede Sicht nahmen
und uns zu allem Überfluss auch noch mit ihren
Diätfutterschüsseln bewarfen. Lina hielt unbeeindruckt
Kurs. Ich quiekte, als aus dem Rauchernebel ein
Ungetüm mit Nudelholz vor uns auftauchte, sich zur
Seite fallen ließ und fluchend einen Pizzateig in die Luft
warf, der zielgenau in Linas Gesicht landete.

Da ich mich an ihren Ohren festhielt, konnte ich nur mit
den Zähnen versuchen, sie zu befreien. Das dauerte
definitiv zu lange. Die Kantine näherte sich mit rasender
Geschwindigkeit, und ich gab nun mit Ohrenziehen klare
Kommandos „Rechts" und „Links". Das klappte trefflich.
Lina sauste durch die Tischreihen, ich nahm noch ein
paar Stricknadeln und Wollknäuel mit dem Schweif mit
und bremste so ein wenig ab, und mit einem scharfen
Ohrenzug links brachte ich uns Richtung
Vorderausgang. Der dicke Türvorhang befreite Miss
Listig vom Pizzateig und eröffnete uns freien Blick auf
die Straße. Der Gemüselaster kam allerdings sehr
unerwartet von links.

Kapitel 14

Das Kreischen der Bremsen des Gemüselasters war
schlimmer als der Nikotindampf der
Rentendackelcombo, und trotz aller Bemühungen des
Fahrers, in dessen Augen ich jetzt schon das Weiße
sehen konnte, würde es nicht zu einer erfolgreichen
Notbremsung reichen. Ich zog scharf an Linas linkem

Ohr und sprang gleichzeitig vom Segway ab, sah Lina Pirouetten drehend auf der Überholspur davonsausen und presste mich dicht auf den Boden. Die Zwillingsreifen donnerten an meinen in den Asphalt gepressten Krallen so knapp vorbei, dass ich den Gummiabrieb als Gothic-Nagellack auf den Krällchen hatte. Schick. Dann war er vorbei, Wirsingkugeln schossen über das Gehäuse und Möhren flogen Richtung Golden Gate.

Im allgemeinen Chaos nutzte ich meine Chance. Drei alte Kater hatten vor der Tür des Altersheims gepokert, ihre Rollatoren hatten sie neben dem Eingang geparkt. Ich schnappte mir den mit den besten Reifen, stieß mich kräftig mit der Hinterpfote ab und donnerte Richtung San Francisco, um den Dodge vielleicht noch vor dem Hotel zu erwischen.

Hunderte Wirsingköpfe rasten auf der Brücke vor mir her, einige stürzten in die Bay, andere wurden von Autos zermatscht oder blieben an Auspuffrohren hängen. Von Lina Listig keine Spur… ich hatte auch keine Chance, jetzt darüber nachzudenken, die Möhren vom Gemüselaster stachen jetzt wieder aus dem Morgenhimmel herunter und bohrten sich in Cabriodächer, Gullys und Katerpelze auf Rollatoren. Eine traf genau meine Krückstockbeule, und ich wurde so langsam wieder wütend. Ihr wisst schon, ich werde dann unentspannt bis hektisch. Das Gemüse hatte ich nun hinter mir gelassen, jagte mit dem Rollator die Golden Gate entlang, hielt mich an einem gerade überholenden Alfa Spider fest und hatte Gelegenheit, mir zwei Fischbrötchen vom Rücksitz zu nehmen und gesättigt etwas nachzudenken.

Die Tatzen von Randolf dem Schwarzweißen von Mittenimdunklenfichtenwald konnte ich eindeutig anhand der Gamaschen der Krückstockoma identifizieren, aber die Putzfrau, die Lina Listig mit dem Putzwasser kampfunfähig gemacht hatte, hatte als Komplizin des Gangsters mein Weltbild erschüttert. Aleksandra von Snakenwald, niemand anderes konnte es gewesen sein, nur sie kannte den Plan, und nur sie hatte Kontakt zu Randolf dem Waldschrat. Ich kochte innerlich, aber ein Motiv für das ganze Drumherum wollte mir nicht in den Kopf kommen. Wozu die Nummer mit dem Milchlaster, warum der Auftrag für mich und die Heulshow um die Formel, die mitnichten verschwunden war!

Dann fiel es mir wie Flöhe nach dem Ungeziefer-Spot-on aus dem Fell. Ich war nur ein nützlicher Idiot gewesen! Eiskalt hatte Frollein Ach-wie-bin-ich-hilflos meine Machorolle als Blöddetektiv ausgenutzt! Statt mich neben dem Milchlaster zu versenken, hatte sie blitzschnell umgeschaltet. Sie hatte Pit und seine

Schergen benutzt, um die Fellfarbkugeln zu vermarkten und ihr den überflüssigen Rico vom Hals zu schaffen. Die Kugeln aus der Pumpgun hatten dann doch eher mir gegolten, aber sie hatte Pits Kumpels wohl ein Zeichen gegeben, nicht so genau zu zielen und nur meinen Dodge zu ramponieren.

Danach hatte ich ihr erst Pit und seine ganze Bande vom Hals geschafft, hatte alle verfügbaren Fellfarbkugeln wie im Selbstbedienungsladen für sie eingesammelt und auch noch an die Übergabe der Kohle geglaubt. Jeder Cop in San Francisco würde bei der Übergabe nur mich auf dem Video sehen, keinen Pit, keine Aleksandra, keinen Randolf. Nur den doofen Kater, der schon bei Leos Rettung zu spät gekommen war und den heiligen Gral zerbröselt hatte.

Das ganze Kugelgeschäft gehörte jetzt völlig verdachtsfrei dem Frollein und ihrem adligen Pelzputzer, und die Formel hatten sie als Bonbon oben drauf. Ich Schussel!!! Ich wurde unter dem Fell jetzt dunkelrot, und das lag nicht am Fahrtwind.

Ich ließ am Ende der Brücke den Spider los und bog unter allgemeinem Hupkonzert der Autogemeinde scharf nach links Richtung Hotel ab. Ich war sauer. Echt sauer. Richtig sauer.

Ich bog um die letzte Ecke, da legte der Dodge gerade ab, ich raste wie ein Besessener hinterher, als ich plötzlich nur noch rot sah. Bremsleuchtenrot. Ich drückte wie bekloppt auf die Bremse des Rollators, aber nichts geschah, und mein Gesicht bohrte sich in den Kofferraum des Dodge und ließ meine arme Kauleiste knirschen. Crash.

Die Türen des Dodge sprangen auf, Aleksandra und ihr feiner Randolf hupften heraus und ich wurde in den

Wagen hineingezogen. Links und rechts hatte ich plötzlich die Läufe zweier Derringer Cobra am Kopf. War ich doof. Ohne Lina und unbewaffnet. Mit einem Rollator. So blöd konnte einfach nur ich sein… ich konnte die Schlagzeilen der Presse schon lesen:
Farbfellkugeldealer mit Betoneimer am Fuß in der Bay gefunden.

Dann wurde es hell im Dodge. Zu hell! Es roch nach Magnesium, Stimmen brüllten „Hands up, out oft he car", ich riss die Pfötchen hoch und wurde auf den Boden geworfen, Geschrei ringsherum, dann konnte ich langsam wieder sehen. Ein Dutzend Cops zog den Koffer mit den Fellfarbkugeln aus dem Kofferraum des Dodge, andere legten Frollein von Snakenwald und ihrem Lover Handschallen an, ich wurde hochgezogen und dann stand ich direkt vor: Steve Heller!

Nun bin ich ja nicht blöde, natürlich wusste ich, dass der Schauspieler Michael Douglas heißt, aber ich liebe diese Serie und die Autos und die Verfolgungsjagden in den Straßen von San Francisco, ich habe alle gesehen! Und vor mir stand jetzt Steve.

Er grinste, gab mir die Hand und sagte: „Gute Arbeit, Signore!" Dann drehte er sich um, stieg in einen 1954´er Ford, und ich schwöre, dass Mike Stone am Steuer saß und davon fuhr. Vielleicht waren es ja auch nur meine Beule und die Kauleiste, die mir diesen Augenblick des Glücks beschert hatten. Tatsächlich hatte Pit im Knast ausgepackt, und auf den Videos, die die Polizei von der Taschenübergabe in der Busstation hatte, war ich ja eindeutig zu sehen, und einige Cops hatten mich wiedererkannt, weil ich mir den Scherz auf Steves Wache geleistet hatte und auch noch die Magnetsirene geklaut hatte. Und einer hatte „Steve" angerufen…

Und so war ich mal 3 Minuten der kleine pelzige Held, und dann kam Lina Listig um die Ecke geschossen, und der kreiselnde Segway schlug in die Gruppe der Fotografen und Cops ein, das Chaos übernahm die Regie und CBS und CNN berichteten nur noch vom Anschlag einer mit Pizzateig, Möhren und Wirsing vermummten Terrorkatze auf die Cops des ehrenhaften Reviers von Steve und Mike.

Im allgemeinen Getümmel grabschte ich Linas Pfote, gab ihr einen angemessenen dreiundzwanzigminütigen Schmatz, zog sie in den Dodge, in dem noch die leeren Blitzleuchtedosen auf den Vordersitzen vor sich hin qualmten und paddelte dann mit ihr ins nächstgelegene Fish-Hut, weil ich ja außer den Fischbrötchen im Spider und ein paar Möhren noch nichts gefrühstückt hatte.

Mitten im dritten Gang klingelte mein i-Catphone, und eine tiefe Stimme flüsterte: „Signore, ische brauche Ihre Hilfe, und ische werde Ihnen eine Angebote machen, das Sie nichte ausschlagen können!"

Der nächste Fall, das Leben kennt keine Ruhepausen....

-Ende-

Herstellung und Verlag:
BoD - Books on Demand, Norderstedt
ISBN 978-3-7357-8053-9